Ex-voto

e

poemas do intermédio

(1977-2005)

Otavio Maia Chelotti

Copyright © 2014 Otavio Maia Chelotti

Capa: Concepção: Otavio Maia Chelotti
Primeira edição, revista

ISBN 978-1941833001

Mythopoiesis Ed.
Orbis Terrarum
mythopoiesis@mythopoiesis.com
www.mythopoiesis.com

ÍNDICE

EX-VOTO
1977-1991

AFIRMAÇÃO(?)

I
    Botafogo   15
    para meu pai   16
    Corumbá-Caribdis   17
Am
    II   23
    Epopéia   24
    o sol sob o céu basta   25
One
    Homage   29
    Genesis   30
    Anadesanti   31
Epílogo   33

CASTELO DE CARTAS

Castelo de cartas
    Não se iluda com as palavras   38
    a Rimbaud   39
    jogo com o sagrado transmutado   40
    Que eu tivesse a metáfora livre   41
    a flor de concreto   42
    in Death's Empire   43
    não   44
    Falamos a linguagem dos mortos   45
    com as cartas   46
Teogonia   47

A paixão	48
a palavra dispara	49
In hoc signo vinces	50
Unfulfilled desire	60
Último vôo no° 1	61
no° 2	62
no° 3	63
no° 4	64
no° 5	65

ANOTAÇÕES

Terminal disease	69
Dark as the grave wherein my friend is laid	70
Afterworld phenomena	72
Refusal to mourn the life, on the streets, of a child in Rio	73
Peeping Tom	74
Song of mourning, doubt and hope	
I	75
II	76
III	77
A limpadora de peixes	
I	78
II	80
III	81
Canção	82
A traição	83
Schweinfurt 1943	85
Poemas da escuridão	
1° poema da escuridão: fiat lux	86
2° poema da escuridão: ultima ratio	87
3° poema da escuridão: Ἐν ἀρχῇ ἦν ὁ λόγος	88
4° poema da escuridão: Mare Serenitatis	89
5° poema da escuridão: eppur no si muove	90

POEMAS DO INTERMÉDIO
1993-2005
Felipe
- *veio* — 94
- *doem-me os seios* — 95
- *a memória do corpo* — 96
- *a memória da paixão* — 97
- *vá* — 98
- *No poema, escrito no estilo dos anteriores* — 99
- a memória/parteira — 100
- Barcelona, 1º de janeiro de 2005 — 101
- The soul, in its dark night, envies — 102

NOTAS
- Afirmação (?) — 105
- Castelo de cartas — 106
- Anotações — 106
- poemas do intermédio — 108

Ex-voto

poemas
1977-1991

Afirmação(?)

I am one
Pete Townshend

I

BOTAFOGO

Sou.
E o doloroso prazer de ser
Me anima.

para meu pai

o que compartilhamos

o círculo
o labirinto
o fim que se lança
em busca de si mesmo

o vento sibilando silêncios
e mortes
a fera que ronda as ruas
deixando rastros de nuvens
e sangue

este matar
e morrer
incessantes

dou-te

CORUMBÁ-CARIBDIS

o trem na noite
a noite no trem

(fachos de fogo cortando
a noite o animal resfolega
carregando lembranças)

a noite na cabine
angústia átona
espera

a noite nas mãos
nos movimentos mínimos
entrelaçando memórias

(fachos de fátuo alimentando
a noite o animal escorrega
carregando fomes)

a noite nas mãos
as mãos na noite asfaltada
das avenidas vazias

as mãos na noite
a noite em mim

(fachos de fosco desejando
a noite o animal ofega
carregando ícones)

a noite em mim
eu em ti

a noite em ti
em teu pobre corpo uterino
e devastado

a noite em ti
mar abissal
que tragas e tragarás
sem resposta ou remédio

(falo adentrando
em ti o animal rasteja
carregando mortes)

desço, noite
na noite

AM

II

as labaredas se aquietam
folhas pausam no ar
a seiva não corre mais
um respiro cessa

para sempre algo perdido
ainda que semelhante e ínfimo
para sempre algo perdido

EPOPÉIA

no caminho o medo
pervasivo insidioso
medo do próximo
medo de si mesmo

(a boca fala fala e cala
 da fala nada
 além do fátuo)

medo
e o obscuro desejo
de bombas e de deuses

o sol sob o céu
basta
líquida e incerta
voz vociferando
imagens do desejo
oculto sob
nada e nunca: tudo

ONE

HOMAGE

His eyes mirrory waters
drowned in themselves
and his hands blind seers
mesmerized by the sight.

Van Gogh´s ravens
still fly:
they cry the horror
the darkness in the light.

GENESIS

and sound was out:
a shout, also shriek
floating down its own
invention:
air

sound word
world finally tangible
    thought

    this web of tigers
    and silences

    this coldness of mountains
    and darkness

    this stern fall
    and release
            i
             n
              t
               o

genesis recognizing. (circular)

ANADESANTI

Frag.1
   No espelho eu vejo o universo:
   camisa vinho com logotipo
   calça desbocada (...)

Frag.2
   (...) lob[o]s (...)

Frag.3
   ratos! r[at]os! comeram todo o trigo!
   impossível fazer hóstias
   [on]ly hosta[ges]
   (...)

Frag.4
   ratos! ratos! abandonaram o n[av]io!
   impossível fazê-lo em menos de 10^{37} anos!

Frag.5
    [pin]gando pingo a pingo a pingo a pi[ng]o
    pingo pingo pingo (…)

Frag. 6
    pingo palavra pingo pingo palavra lavra ave
    - perigo inflamável!!!
    - lembrem-se do Hindenburg
    (…)

Frag.7
    - To power! and we toasted.
    - But ho[ld!], he goads us!
    Kraft durch Freude

Frag.8
        (…)ave

    Ave César!
    ave inútil.
    - que cale então.

EPÍLOGO

som
neon
do silêncio

(não, não acreditem em nós)

Castelo de cartas

CASTELO DE CARTAS

Não se iluda com as palavras
ou comigo.
Somos todos jogos.

O meu
é falar de silêncios
e de mim
(talvez sejam unos
 talvez sejam iguais).

Jogos dentro de jogos.
E o seu, qual é?

a Rimbaud

Fogos nos olhos e volutas retas como flechas na garganta trespassada pelos deuses mortos-vivos que nos assediam com promessas de plenitude.

Onde estaria ela? Saberiam as palavras seu segredo ou seriam rios vazios? Ocultaria a areia ávida sua forma avara e clara? Ou não haveria?

jogo com o sagrado transmutado
ar
e (me) perco

ilusão
elisão
uma pústula se
abre
mundo ou poema
-ou ambos?-

eu devia me jogar da minha torre
e beijar o sangue das ruas

Que eu tivesse a metáfora livre
e barroca como os ritmos loucos
curvos espaços universos
fechados
com que sonho.

Mas devo aceitar o que tenho:
a moela
a miragem
a taquicardia
a repetição *ad silentium*.

Que eu soubesse uma palavra
que fosse necessária.

É por isso que jogo:
do inútil
                a descoberta
(sol negro
 flor de concreto)
                o re-
tudo.

a flor de concreto:
      a faca
    o corte
o vôo tenso
    (em silêncio)
em si mesmo
apre(e)ndendo

a flor do concreto:
    o ar
dissonante
discretamente
nos olhos
longes
do mendigo

ou seja:
nada em nada

in Death's Empire
the only alternative
is death:
not the mass murders
nor the everyday tortures

only silence and darkness
before the mirror

não,
só a poesia
impregnada de sangue
a poesia punhal
(de sorrisos afiados
e matéria aérea)

Falamos a linguagem dos mortos.
Falamos a linguagem dos monstros.
Jogamos pedras contra o mar
(que se abate, manso,
  sobre a areia,
   mas o vento, tenso).

Falamos a linguagem dos mortos.
Os carros passam
            ruidosos
pela avenida clara
            ruidosa
um homem passa
apoiado numa bengala
absorto
só silêncio.
Os freios guincham.

Falamos a linguagem dos monstros.
Sobra espaço no meu papel
e nele jogo mil máscaras.
Falamos a linguagem dos monstros.
Se eu pudesse
a mataria.

com as cartas
com as mãos
com o medo
com o inútil
com o fútil
jogar-se
sem limites

e lutar
com hipogrifos
panteras negras
moinhos
e levantar
o castelo
aberto
a sol
e vendaval

TEOGONIA

Deus disse:
         faça-se
eu
         à sua imagem

e então nós fomos e comemos ele

A PAIXÃO

a garotinha me pediu
                         dinheiro
     eu disse
            não

sangue começou a escorrer
do meu hamburguer.

a palavra dispara
e pára
mal se forma
e a música é um labirinto
um silêncio surdo
uma aliteração
altercação
alteração
do nada

e eu
falo:
corte
e ate
novamente
o coração
rítmico

a palavra corre
e morre
átomo informe
em solidão
e o poema se des
vela
inquieto
animal estranho
súbito
desconhecido.

IN HOC SIGNO VINCES

ÔMEGA
        o mito caosal o rito fatal

Ó Senhor aceite aqui
o nosso sacrifício
aceite
aceite o vinho e a carne
convertidos em arma
ó ÔMEGA descenda com suas legiões
de arcanjos sobre nós
conceda-nos teu poder

a mão não se fecha a caneta cai o instante enrijece sensações explodir falo dor parto pulso corto sonhos campos papéis vazios pensamentos cadê cadê aquilo que estava ali o gato comeu cadê o gato está aqui aqui meu umbigo metralhadora fotônicaaaa a a a o lobisomem uuuUUIIIiii uuuuuuUUUUUUIIIIIiiiiii uuuUUUUUUIIIiiiiiii

O

    O Lord Thou pluckest

burning

....

SOU O ÔMEGA

O ÔMEGA
eu sou aquilo que te olha
das esquinas telescópio infravermelho
olhos escuros de tonton-macoute
estou em cada prédio em cada alma
você traidor que tenta fugir
se atropelando é que não vai
eu sou o ÔMEGA
e vou limpar esta cidade

mato com meus olhos de cristal laser rubídio
e não pense que vou errar
meu cheirador de sangue não falha
(ou quase: MTBF de 10^{80} horas)
pelas calçadas eu o super-herói
eu o superbomba
eu o superbosta
eu o supercancro
eu o amor talhado

estou atrás de ti, meu chapa
eu vou te comer beber teu sangue

você não me viu nas patrulhinhas?
você não me viu no Chivas, na Pitu, na Wiborowa?
você não me viu no espelho?
não? eu sei que não

sou um vampiro
sou a noite neon
a nuvem amarelada de bile

....…………

ÔMEGA
        o rito carnal

a carne que você cutuca nos açougues
carne do teu bicho preferido
onde você pensa que vai?
sou o animal das ruas
e você não me escapa

Olha aí
  s
     h
        h
  c h o h c h o
             AAAAAAHHH
                       nhoque

manjou?
oui, j'ai mangé trois cents missionaires aujourd'hui

ÔMEGA
        a soma total

plano: começar pelos filósofos
fazer picadinho comer com arroz
depois os poetas os exegetas e o resto

ÔMEGA
o vampiro o lobisomem o frankenstein o
    [comandante das legiões ilegais do além
teu sonho enterrado
e vou te rasgar todo
com minhas garras inefáveis

EU SOU O ÔMEGA
eu sou você
eu sou nós
e eu vou te matar

....…...

batendobatendobatendobatendobatendobatendobatendo

ÔMEGA
        o ponto final
        o parto final
ÔMEGA
        O HÔMEGA

batendobatendobatendobatendobatendobatendobatendo

e eis-me aqui
e saí por aí
e fui morar no ar
e fui morar na terra
e fui morar não, não onde você está pensando
fui morar no teu corpo
o mar eu sou

e vivi teu corpo
teu orgasmo taciturno e desmedido
tuas mãos assinando noturnos
e sorrindo facas
teu grito de amor dor
tédio ódio mascarado
tornei-me tuas narinas
teu quarto escuro teus olhos lúbricos
teu coração sangrento
teu olhar sanguessuga
eu fui tua voz ditando normas
teu pé pisando cores
teu pulmão me respirou
e eu te comia como uma tênia
e bebi teus sucos e experimentei teus vômitos
fui tua dor de cabeça
fui teu osso trincado quebrado ralado
fui teu escravo
fui o animal que você sempre quis esconder

batendobatendobatendobatendobatendobatendobatendo

tambores no coração
os deuses do mundo me enchem
seus falos em mim
e eu planta
mulherhomem

eu ÔMEGA
agora estou livre
e lavro tua mente com arados de medo

eu o maremoto
      terremoto
que não será domado
eu

       ÔMEGA

....

água e sal te darei
pão e fezes te darei

sou teu amante louco
te amarei entre o lixo e os mendigos
te amarei
            vomitando bêbado
te amarei

sou teu amante esquecido
o poço temido

eu fênix
        retorno
e cobro minha dívida

....

sou teu pastor e tua caça
sou teu abismo
sou o mar oculto
jorrando pelas janelas
da cidade

sou a face informe

sou ÔMEGA

....

o anjo total

não no ruído
mas no silêncio
não na luz
mas na escuridão
não no mundo
mas no reflexo
que me revelo

corpo espelhado
   ser sem ser
som e silêncio
girando falo
girando círculo
   gargalo

....…..

eu
  ÔMEGA
    anjo torto
ordeno o dilúvio
e renasço pelos cantos
torturado
mas

VIVO

UNFULFILLED DESIRE

a song slow and old
a common cold

a song strong vampire
pyre burning bright

a song of carrion
a phoenix

ÚLTIMO VÔO Nº 1

sintagma
e
enigma

o corpo
(em vôo)
fere a tarde

sob o corte
o concreto arde

ÚLTIMO VÔO Nº 2

silêncio
no ar espesso

a faca sangra o ar
    (sangue no mar)
cão estraçalhando
        suas próprias entranhas
        pétalas de sangue e sonho

a faca singra o ar
    (homem ao mar)
rasgando ondas
rompendo labirintos
sol se afogando
    no ar-
mar
absoluto
        (pedaços de espelho pelo ar,
        quebrados: azar, muito azar)

ÚLTIMO VÔO Nº 3

       o espelho

       insuficiente

       se parte

                      (no espaço

estilhaçado

       o limite)

ÚLTIMO VÔO Nº 4

baal

sobre o cabo
tenso
o equilibrista
do impossível
no real, na faixa animal
do asfalto
pára

conjura
inefável
a dura matéria
que o trespassa

e cai

ÚLTIMO VÔO Nº 5

        no desvão
        a mão
        tenta:

descarta
                              a corte
e instaura
                              o corte
unindo
                              limites
            por um instante

        (peixe tragando o abismo)

mar alto
                            o arauto
          mudo
                            cumpre seu ofício
      respirar
completamente

       (hesitante antes da queda)

a mão
                                            lâmina
plena de ar
               se eleva
                                     sangrenta
             em oferenda

       (abraão consuma o sacrifício)

nauta
                                      do espaço
que se encerra
                                      no vôo
             rumo ao silêncio

Anotações

TERMINAL DISEASE

o poema é um hábito
difícil de extirpar
como uma metástase
se alastra pela mente
ressurgindo em surdina
onírico
e letal

DARK AS THE GRAVE WHEREIN MY FRIEND IS LAID

o fio

                                                  frio e

duro

                   aço

                              lúcido

       traça

                              no espaço

espedaçado

                              o im-

            possível

      caminho

AFTERWORLD PHENOMENA

hoje faço anotações
e já é muito
(até demais)

REFUSAL TO MOURN THE LIFE, ON THE STREETS, OF A CHILD IN RIO

the life of air in air
feet upon pavement

I shall not murder
                    her
with
      words

after this death
there is no other

PEEPING TOM

o vampiro aspira
à vida
porventura havida
na superfície plana
plena de imagens
                      palavras

o vampiro (quieto)
aspira a vida
talvez vivida
nas sombras brilhantes
refletidas em seus olhos
                      vazios

SONG OF MOURNING, DOUBT AND HOPE

I

Um pássaro cai,
asa arrancada por um tiro.
Na espiral, em choque,
não se chora.

Um homem morre,
pele colada aos ossos.
No espanto, em coma,
não se chora.

Mas nem todas as mortes
são súbitas:

II

um dia
o ressalto
a tensão do salto

outro
o medo
a tentativa de arremedo

um dia
o amador
a volúpia da dor

outro
o suicida
a ânsia vencida

todos os dias
a dúvida
  dívida
  dádiva
  da vida

III

preso à terra no turbilhão
        da noite
o pássaro aprende
        os passos

preso ao leito no turbilhão
        da morte
o homem vê uma criança
        que brinca

sorri límpido
        lúcido
e deseja seu primeiro
        desejo

aprender de novo
o velho – novo –
jogo

A LIMPADORA DE PEIXES

I

A faca nas mãos duras
e jovens.
Brilhando no barro
branco e sujo,
brilhando como as escamas
ainda úmidas.

A faca corta.
A carne quase exangue se abre.
A mulher chora.
Enfia a mão por dentro.
Arranca-lhe as entranhas.
Lava-o.
Coloca-o de lado.
Ela não sabe por quê
um peixe depois outro
um filho chora nalgum lugar
de repente ela odeia
faca na mão.
A enterra como um grito.

Todos os dias
   o braço
      a faca
         o peixe
            o rio.

À margem
a mulher chora.

II

a faca dura
      brilhando
no arco límpido descrito
pela mão

corta
a carne a dor
à procura no meio das entranhas
ela não sabe o quê
de repente o ódio
enterrado na mão
silenciosa como um grito

todos os dias
cai e corta
e cala

à margem

III

O gesto de tão repetido
não mais desvela
e o ruído que faz
morno e pegajoso como este
fluindo dos olhos
chorosos
não importam
à luz da manhã.

CANÇÃO

o que não está escrito
germina os corpos
açoitados pela luz da manhã

em paz

        (atônita e átona
         a oferta desta canção)

A TRAIÇÃO

    o enforcado oscila
este homem belo
    entre as flores manchadas
        bambu
    contaminado de pureza
vergado ao vento
    resplandescente
após alguma resistência
    ao sol obscuro
guerrilheira (a estratégia poderosa
    entre as flores murchas e mudas
      dos fracos)
    –palpitante–
floriu entre as pernas
    alçando vôo
penetradas pelo punho desmascarado
    sem asas
e o sangue (sêmen) envenenou-lhe
    sem voz
      o corpo
    por entre as flores
    brotadas da carne

BRANCA

    vaga se avolumando
  a fera
marulhando silêncios por entre os campos
      ferida a se arrastar
encapelados coroados de grinaldas
  pela cela (na quietude perigosa
   de bulbos flácidos e frios
  dos tigres) escreveu com seu corpo
    lepra se espalhando
  arqueado entre a espuma
    pelo espelho turvo
      a sua agonia
    do olho

    *AL*V*O*

    e*m* s*ua* *lu*ci*dez*
  s*ui*ci*da*   *pr*om*e*te*u*
     j*u*d*as*

SCHWEINFURT, 1943

                                              flap
caught

             slap
       in the slack
           flak

                  trAP

clap
        scrap
            p
               i
                  n
                     g
                      i
                        n
                         t
                          o

                                        the wide
                  open
blue
           rose
that isn´t

1º POEMA DA ESCURIDÃO: FIAT LUX

luz   o corpo
                              contínua
                  explosão

                                              vibrante

            que se devora

minando
                            víscera

em   **ESPAÇO**
o

                que se torna

                                        sustenta

negro   o universo   luz

2º POEMA DA ESCURIDÃO: ULTIMA RATIO

(as moradas caladas
 e prenhas)

        o corpo rijo
        recebe a chama

        desabrocha
        sangrento

        e as eviscera

                (a alma estreita
                 conduz
                 a expansão des
                 medida)

3º POEMA DA ESCURIDÃO: Ἐν ἀρχῇ ἦν ὁ λόγος

botão carmim
                sobre
a linha negra

o feto
           no asfalto
farto

4º POEMA DA ESCURIDÃO: MARE SERENITATIS

a planície: luz e negro afiados
no vácuo por entre as rochas
dia após dia pulverizadas

súbito se eleva o pó
insustentável no vazio aprisionado
entre as montanhas flamejantes
sob os raios algozes

beijos cortantes assinando
a sentença: lúcifer
sobre a planície desertificada
e soberba em sua magnificência

5º POEMA DA ESCURIDÃO: EPPUR NO SI MUOVE

aqui   a criança
                       de pés sujos
                       descobre a música
                       no jogo:
                       isso lhe basta   **os astros giram**

fixos em suas órbitas lúdico prazer
                       de correr pela grama
                           verde
                       molhada   **fixas no espaço**

calabouço   leve
                                         estrela
                       no espaço que cria
                       espaço em movimento   **esboço da traição**

onde estará o espaço lúcido prazer da perda **onde estará o espaço**
                       veias tão frágeis
                       o amor
                       anima o mundo

lá fora

poemas do intermédio

poemas
1991-2005

FELIPE

veio

pequeno

implorado

a Deus

adeus

doem-me os seios

                                                            secarão

a memória do corpo:

entre os braços
o espaço

no ventre flácido
as marcas

barras estriadas
sangue morto
rebrilhando ao sol

aprisionado

a memória da paixão:

o sangue
        entre as pernas
        nas mãos

a dor
        hausto dilacerado
        perpassando a carne

o filho
        cálido e distante vagido
        meu centauro

vá
cresça

cresça
longe

deste cavalo
da negra pulsão do coração
terror e êxtase
do sangue
e da queda

longe

cresça

vá

No poema, escrito no mesmo estilo dos anteriores, a mulher aprisionada invoca ser declarado como ao mesmo tempo ctônico e pelágico, a quem oferece a visão dos olhos, o gesto das mãos, o futuro do ventre, o bater do coração e a memória da mente. Suplica, então, que se lhe poupe o filho do mergulho no abismo, definido como contendo a paixão insuportável e a razão assassina, e termina por invocar novamente a deidade, adicionando um epíteto final: senhor das bestas.

A MEMÓRIA / PARTEIRA

a memória: parteira:

poço   hierofante
pouso
porto   templo

olho   do tempo
do furacão   no turbilhão
                       espiral
            espiral
no turbilhão   do furacão
do tempo   olho

templo   porto
                                          pouso
hierofante: poço:

parteira   a memória

BARCELONA, 1º DE JANEIRO 2005

Ramblas, só as vi, e humildes:
Prim, Poblenou.
Parques, apenas um:
terra e água e metal onde carne e sangue
brincam
e proclamam
a única nova:

o amor
que constrói
e destrói

THE SOUL, IN ITS DARK NIGHT, ENVIES

the soul, in its dark night, envies
the divine clowns
    joculatori Dei
    ejaculatori Dei

the soul
in the dark pride of pain borne
in the dark presumption of knowledge
in the dark power of depth and difference
in the dark
       over
          all
             sundering
dark overall

the soul takes flight
clinging to tears
cowering in the cold toilet
coveting the clowns' liberty
to believe and be

and the soul dreams:
love unredeeming
jackboots
blood-drenched ecstasies

the soul, in its dark night, envies

NOTAS

AFIRMAÇÃO(?)

p.21 — *Homage* – Homenagem
Seus olhos águas espelhadas/ afogadas em si mesmas/ e suas mãos videntes cegos/ mesmerizados pela visão.//
Os corvos de van Gogh/ ainda voam:/ grasnam o horror/ a escuridão na luz.

p.22 – *Genesis* – Gênese
e o som saiu:/ um grito, também urro/ flutuando em sua própria/ invenção:/ ar//
som palavra/ mundo finalmente tangível/ pensamento//
essa rede de tigres/ e de silêncios//
essa frieza de montanhas/ e da escuridão//
essa dura queda/ e liberação//
p// a// r// a//
o//
reconhecimentogênese

p.23 – *Anadesanti*
Título composto dos prefixos *an-*, *a-*, *des-*, e *anti-*
– *Frag. 3*
[on]ly hostages – [som]ente reféns

p. 24 – *Anadesanti* – *Frag. 7*
'Ao poder!' e saudamos./ Mas espe[rem!!] Ele nos engana! / Força pela Alegria
Kraft durch Freude (Força pela Alegria): nome de organização de lazer nazista.

CASTELO DE CARTAS

p. 35 – *"in Death's Empire".*
no Império da Morte/ a única alternativa/ é a morte:/ não os assassinatos em massa/ nem as torturas cotidianas//
apenas o silêncio e a escuridão/ ante o espelho//

p.42 – *In hoc signo vinces.*
Tîtulo: "Sob este signo vencerás".
p.42-43 – *O/ O Lord Thou pluckest// burning* – Ó/ Ó Senhor Vós arrancais// queimando
São Agostinho por intermédio de T. S. Eliot.
p.43 – MTBF - *Mean Time Between Failures* – Tempo Médio Entre Falhas
p. 45 – *Oui, j'ai mangé trois cents missionaires/ aujourd'hui* – Sim, comi trezentos missionários/ hoje

p.50 – *Unfulfilled desire* – Desejo insatisfeito.
uma canção lenta e velha/ um resfriado comum//
uma canção forte vampiro/ pira queimando brilhante//
uma canção de carniça/ uma fênix//

ANOTAÇÕES

p.61 – *Terminal disease* – Doença terminal.

p.62 – *Dark as the grave wherein my friend is laid* – Escura como a tumba onde jaz meu amigo.
Título de livro de Malcolm Lowry.

p.64 – *Afterworld phenomena* – Fenômenos do além.

p.65   – *Refusal to mourn the life, on the streets, of a child in Rio* – Recusa a lamentar a vida, nas ruas, de uma criança no Rio.
   a vida do ar/ no ar/ dos pés no piso//
   eu não a matarei/ com/ palavras//
   depois dessa morte/ não há outra

p.66   – *Peeping Tom* – Voyeur.

p.67   – *Song of mourning, doubt, and hope* – Canção de luto, de dúvida, e de esperança.

p.77   – *Schweinfurt, 1943*
Alvo das mais acirradas batalhas aéreas da Segunda Guerra Mundial.
   flape/ atingido/ bem na /leve/ flak/ armaDI-LHA/ estrondo/ suca/ te/ an /d/ o/ s/ e/ na larga/ aberta/ azul/ rosa /que não é//

p.78   – *1º poema da escuridão: fiat lux* – faça-se a luz. O início da criação em Gênesis 1:3.

p.79   – *2º poema da escuridão: ultima ratio* – último argumento. De "ultima ratio regum", o último argumento (ou razão) dos reis.

p.80   – *3º poema da escuridão:* Ἐν ἀρχῇ ἦν ὁ λόγος – João 1:1: No princípio era o Verbo (mais precisamente, o Logos, o princípio racional).

p.81   – *4º poema da escuridão: Mare Serenitatis* – Mar da Tranquilidade.

p.82   – *5º poema da escuridão: eppur no si muove* – "e, entretanto, não se move": versão, na negativa, de frase atribuída apocrifamente a Galileu.

POEMAS DO INTERMÉDIO

p.96 – *The soul, in its dark night, envies* – A alma, em sua noite escura, inveja.
"joculatori Dei/ ejaculatori Dei" – literalmente "jograis de Deus/ ejaculadores de Deus". O primeiro termo foi aplicado à São Francisco de Assis.

a alma, em sua noite escura, inveja/ os palhaços divinos/ *joculatori Dei/ ejaculatori Dei*//
a alma/ no negro orgulho da dor suportada/ na negra presunção de conhecimento/ no negro poder da profundidade e da diferença/ no escuro/ sobre/ tudo/ dividindo/ toda negra//
a alma foge/ segurando lágrimas/ escondida no banheiro frio/ cobiçando a liberdade dos palhaços/ de crer e de ser//
e a alma sonha:/ amor sem redenção/ coturnos/ êxtases afogados em sangue//

www.ingramcontent.com/pod-product-compliance
Lightning Source LLC
Chambersburg PA
CBHW042322150426
43192CB00001B/20